Thereza Christina Rocque da Motta

MARCO POLO & THE BLUE PRINCESS
MARCO POLO & A PRINCESA AZUL

poems/poemas
bilingual edition/edição bilíngüe

Ibis Libris
Rio de Janeiro
2008

Copyright © 2008 by *Thereza Christina Rocque da Motta*

Editor/Publisher: *João José de Melo Franco*
Versão e tradução/Translation: *Thereza Christina Rocque da Motta*

M921m
  Motta, Thereza Christina Rocque da, 1957–
Marco Polo & The Blue Princess/ Marco Polo & A Princesa Azul / Thereza Christina Rocque da Motta. Prefácio de Afonso Henriques Neto. Rio de Janeiro : Ibis Libris, 2008.
  92 p.; 21cm

  ISBN 978-85-89126-22-9

  1. Poesia brasileira. 2. Marco Polo. 3. Princesa Azul. I. Neto, Afonso Henriques, 1944–. II. Motta, Thereza Christina Rocque da, 1957–. III. Título.

Impresso no Brasil
Printed in Brazil
2008

Direitos reservados.
All rights reserved.

Ibis Libris
Rua Almirante Alexandrino, 2746 A
20241-263 Rio de Janeiro – RJ – Brasil

www.ibislibris.com.br
ibislibris@ibislibris.com.br
therezaeditora@ibislbris.com.br

ÍNDICE
CONTENTS

APRESENTAÇÃO/FOREWORD *Afonso Henriques Neto*

MARCO POLO

A VIAGEM | THE TRIP, 12-13
A DESPEDIDA | THE FAREWELL, 14-15
A PARTIDA | THE DEPARTURE, 16-17
A ÁRVORE DA SOLIDÃO | THE SOLITUDE TREE, 18-19
A ODALISCA | THE ODALISQUE, 20-21
A CORTESÃ | THE COURTESAN, 22-24
A IMPERATRIZ | THE EMPRESS, 26-27
A CARTA DE SUMATRA | LETTER FROM SUMATRA, 28-29
A MULHER DE ORMUZ | THE WOMAN FROM ORMUZ, 30-31
A PRINCESA AZUL | THE BLUE PRINCESS, 32-34
A ESPOSA | THE WIFE, 36-37
A FILHA | THE DAUGHTER, 38-39
O LEGADO | THE LEGACY, 40-41

THE BLUE PRINCESS
A PRINCESA AZUL

1. *Erguem-se as planícies ao meu olhar e espanto, 48*
1. *The plains open before my eyes and awe, 49*
2. *Sejam estas as sementes do caminho, 50*
2. *Let these be the seeds of the way, 51*
3. *Paramos para o chá, 52*
3. *We stop for tea, 53*
4. *O tempo corre para trás, 54*
4. *Time runs backwards, 55*
5. *Guia-me nesta viagem, 56*
5. *Guide me along the trip, 57*

6. Quando falo de amor, é a ti quem falo, 58
6. When I speak of love, I speak to you, 59
7. Aqui estou, árvore oca, 60
7. Here am I, a hollow tree, 61
8. Como pássaro que se perde, não sei aonde vou, 62
8. Like a lost bird, I don't know where I'm going, 63
9. Enche o ar com tuas canções, 64
9. Fill the air with your tunes, 65
10. Eu me apresso, 66
10. I haste, 67
11. Seguem o rio e suas folhas, 68
11. Down go the river and its leaves, 69
12. Nada me obrigou ao silêncio, 70
12. Nothing silenced me, 71
13. Todas as horas se parecem, 72
13. All hours are the same, 73
14. Uma viagem sem volta, 74
14. A trip of no return, 75
15. Espera, 76
15. Wait, 77
16. Eis o primeiro passo, 78
16. Here's the first step, 79
17. Mostra-me o caminho, 80
17. Show me the way, 81
18. Sigo entre ilhas nebulosas, 82
18. I travel along misty islands, 83
19. Estarás comigo, mesmo depois de partir, 84
19. You'll be with me even when you've gone, 85
20. Te darei meus dias ao fim da viagem, 86
20. I'll give you my days after the trip is over, 87
21. Tudo que fiz, está feito, 88
21. What I've done, is done, 89
22. Eis-me aqui, a princesa que te ama, 90
22. Here am I, the princess who loves you, 91

*For / Para
Don Grusin
Joaquin Munoz
Jon & Jerrie Hurd
Liz Weir
Maddalena Falucchi
Oscar Castro-Neves
& Patch Adams.*

*In the loving memory of my father, who learned about
Marco Polo and the Blue Princess when he lived in Iran.*

*Em memória de meu pai, que conhecia a história de
Marco Polo e a Princesa Azul quando viveu no Irã.*

Para Paulo Mauad compor sua opereta
Marco Polo e a Princesa Azul.

APRESENTAÇÃO
Afonso Henriques Neto

Para se tocar o mito acendeu-se poesia. Mitopoiésis. O que se infiltra na carne em absoluto silêncio, fantasmas atravessando palavras, nuvem de assombro. Sempre o espanto, a ferida maior: delírio, paixão. Símbolo, pura viagem no invisível. Thereza Christina retoma o mito viajeiro, Ulisses ou Marco Polo; e a eternidade do amor: Penélope ou a Princesa Azul. Energia a flutuar um sonho de neblina. (A ninfa Calipso, bela deusa apaixonada por Ulisses, oferece ao herói a cama nupcial e a promessa de ele também poder se tornar um imortal, vivendo com ela para sempre; Ulisses tudo nega pelo humano amor de Penélope.) Relógio sem ponteiros, signos do indizível. (Marco Polo recebe a missão de levar a Princesa Azul, com seus 17 anos, para se casar na Pérsia com Argun, sobrinho-neto de Kublai Khan; a viagem dura três anos e as longas conversas que travam vão aos poucos construir amor na princesa "tão linda quanto o céu", amor que jamais poderá ser plenamente consumado.) O que permanece no efêmero. Thereza Christina enfrenta a vertigem do mito, acende beleza, oceanos de ouro. Sopra, minuciosa, o fogo mitopoético. O mito: estar a um relâmpago do destino, a um abismo do caos, a uma imagem do irrevelado, a uma estrela do divino. Luz que é música na respiração do espelho. Poema para ser lido de olhos fechados, coração aberto.

FOREWORD
Afonso Henriques Neto

To touch the myth, poetry was lit. Mythopoiesis. The essence that penetrates the flesh in absolute silence, ghosts crossing the words, a haunted cloud. Always the surprise, the deepest wound: delirium, passion. Symbol, a pure trip into the invisible. Thereza Christina restarts the traveling myth, Ulysses or Marco Polo; and the eternal love: Penelope or the Blue Princess. Floating energy into a misty dream. (The nymph Calypso, the beautiful goddess who loves Ulysses, offers the hero her nuptial bed and promises him immortality, and to live with her forever; Ulysses rejects everything for the human love of Penelope's.) A faceless clock, unutterable signs. (Marco Polo receives the mission of taking the seventeen-year-old Blue Princess, to marry Argun in Persia, Kublai Khan's great-nephew; the trip takes three years, and the long conversations they have, build love, little by little, in the princess' heart, who is "as beautiful as the sky", a love that can never be fully attained.), remaining in the ephemeral. Thereza Christina faces the vertigo of the myth, lights beauty and golden seas. Blows, carefully, the mytho-poetical fire. The myth: being at a flash's distance of destiny, at an abyss's distance of chaos, the image of the unrevealed, at a star's distance of the divine. Light that is music breathing in the mirror. A poem to be read with eyes closed and open heart.

Marco Polo

A VIAGEM

Embalo-te
com amor de menino
e me ponho a teus pés,
fervor contrito
e ileso,
mãos tépidas e febris,
respiração arqueada e frágil.
Seguro teus dedos entre os meus
e oro por teu suspiro, teu olhar.
Minha mãe, olha teu filho
e abençoa a viagem
que está por começar.

Av. Rio Branco, Centro, 30/05/2001 – 16h35

THE TRIP

I embrace you
lovingly as a boy
and kneel at your feet
in contrite and unhurt
devotion
tepid and feverish hands
bent and fragile breathing.
I hold your hand in mine
and pray for your sigh your gaze.
Mother, look upon your son
and bless the trip
I'm about to begin.

Rio, May 30, 2001 – 4:35 p.m.

A DESPEDIDA

Aperto contra o peito
a minha aflição.
Partes e levas contigo
todas as minhas canções de ninar.
As noites que passei em claro
te carregando ao colo,
soluçando teu choro,
apascentando teu sono.
Partes e me deixas
com as vestes puídas
do carinho com que te embalei
por anos a fio.
A lentidão dos passos
a atravessar o quarto,
todos os caminhos
que te ensinei.
Meu filho, tão jovem e destemido,
segue agora o destino das folhas
– de deixar os galhos e voar além.
Cubro-te com meus beijos
e meus lábios selam meu silêncio.
Tu, que és minha voz,
levarás também meu coração.
Meus olhos poderão não voltar a ver-te,
mas estarei contigo
em tua pele, em teu âmago,
comigo.

Café Odeon, Cinelândia, 21/06/2001 – 16h35

THE FAREWELL

I press the anguish
against my chest.
You're leaving and taking
all my lullabies with you.
The sleepless nights
I've spent carrying you
against my shoulder,
weeping with you,
soothing your slumber.
You leave me
with worn-out clothes
after holding and caressing you
for so many years.
Slow paces roam
across the room,
paths I taught you as a boy.
My son, so young and so brave,
has the destiny of the leaves
– blown away from the branch.
I kiss you and my lips seal my silence.
You, my breath,
will also take my heart.
My eyes will never see you again,
but I'll be with you,
on our skin, in your soul,
bearing you
inside me.

Café Odeon, June 21, 2001 – 4:35 p.m.

A PARTIDA

Parto, sem saber se volto.
Não conheço os caminhos,
me leva a mão de meu pai.
Não sou mais menino,
minha mãe já perdi,
me conduz o destino que escolhi.
Cruzar terras e oceanos,
que missão sagrada nos aguarda.
Levar o óleo do Santo Sepulcro
para ungir o imperador.
A Terra Santa, Índia e China,
nada nos deterá,
enquanto pudermos andar.

Botafogo, 15/07/2002 – 23h45

THE DEPARTURE

I leave without knowing if I'll ever come back.
I don't know the way,
my father is taking me by the hand.
I'm no longer a boy,
my mother is dead,
this the destiny I chose.
To cross the land and the oceans,
what a sacred mission awaits us:
to take the oil of the Saint Sepulcher
to anoint the Emperor's head.
The Holy Land, India and China,
nothing will keep us,
as long as we're able to stride.

Botafogo, July 15, 2002 – 11:45 p.m.

A ÁRVORE DA SOLIDÃO

E fui, a um tempo,
coisa visitada e erma,
árvore solitária, seca,
tudo o que foi e já não é.
Abandonastes, fugidio e breve,
as fábulas de areia e pranto,
todo fausto edificado em ruína,
torres soterradas de palácios,
onde houve vida.
Erguem-se os montes
ao avançarmos em viagem,
beduínos e camelos claudicantes,
ressecando ao estupor do sol.
Haverá o oásis?

Copacabana, 25/07/2001 – 13h35

THE SOLITUDE TREE

I have been, at a time,
well-known and wild,
a dry, solitary tree,
everything that once was and no longer is.
You've abandoned, transient and brief,
the sand fables and wailing,
all pomp turned into ruin,
buried palace towers,
where life once bloomed.
The mountains top
as we travel ahead,
Bedouins and limping camels,
parching under a blazing sun.
Where is the oasis?

Copacabana, July 25, 2001 – 1:35 p.m.

A ODALISCA

Meus pés têm guizos
que movem meus passos.
Danço para ti
sobre o tapete
entre almofadas de Damasco.
Tiro os véus de seda dourada
e vou-me despindo ao ritmo
de tambores e gaitas
e teu olho me percorre
a extensão da pele,
me atiça, me acende
e me movo mais
para fazer dançar
tuas pupilas,
as sobrancelhas alteadas,
a boca semiaberta,
teus dentes úmidos
se deleitando
com os bicos dos meus seios.
Como será teu beijo?
À distância,
amo teus lábios
que me beijam.

Ipanema, 16/08/2001 – 4h30

THE ODALISQUE

My feet have tiny ball-bells
that move with my steps.
I dance for you
over the carpet floor
between Damask cushions.
I shed the golden silk veils
and undress at the rhythm
of the drums and pipes,
and your eyes run
along my skin,
inciting me, exciting me
and I move on,
to make your eyes
dance,
your curved eyebrows,
your slightly opened mouth,
your humid teeth,
enjoying
the tips of my nipples.
How does your kiss taste?
At a distance,
I love
your kissing lips.

Ipanema, August 16, 2001 – 4:30 a.m.

A CORTESÃ

Dele fui
a vinha
a escorrer
as gotas roxas sobre
a pele.

Fui a companhia
e a dama,
a cortesã sábia
de outras épocas.

Fui entretida
e a anfitriã
a levar a passear
e a comer romãs.

Deitei-me para que se deleitasse,
dormia sem esperar revê-lo.
Pousei minha mão sobre sua testa,
eu, a impura, a impudica.
Fui dele a ama
e a serva,
a adivinha e a ausente.

E o que ele será, agora que partiu?
Será o traço de uma letra,
a língua que não conheço,
a fábula encarnada,

a sede, a falta,
a luz de outra manhã.
Serão os dias tristes porque ele se foi.
A sombra que não mais caminha,
a voz mesclada aos ruídos dos rios,
neblina em vez de rosto
e eu, que dele fui a escolhida,
deixarei que esfriem as carnes,
sequem os casulos de seda,
quedem-se os frutos nas cestas
e o horizonte fique estendido,
como os lençóis
sobre meu leito vazio.

Rio, 18/08/2001 – 3h15

THE COURTESAN

I was
the vine
spilling
purple drops
on his skin.

I was his company
and his dame,
a wise courtesan
of ancient times.

I was his guest
and his hostess,
taking him for a walk
and eating pomegranates.

I lay down so he could lie beside me,
I slept and did not know if I would see him again.
I put my hand on his forehead,
I, the impure, the impudent.
I was his mistress
and his servant,
the foreteller and the absent.

And who will he be, now that he's gone?
He'll be the image of a letter,
a language I never spoke,
an incarnated fable,

the thirst, the lack,
the light of a new dawn.

The days are sad now that he's gone.
A still shadow,
a voice blended to the trickling of the river,
haze instead of a face
and I, the one he chose,
will let the flesh cool down,
the silk bolls dry,
the fruits lay in the basket,
and the horizon will be still
like the sheets
of this empty bed.

Rio, August 18, 2001 – 3:15 a.m.

A IMPERATRIZ

Não és rei, mas reinas.
São tuas as planícies
e os rios,
as montanhas e os picos
nebulosos, os vales
cortados por estradas,
que atravessas, incólume.
São teus os tesouros
que carregas,
as cartas, documentos e livros.
És emissário de tantas terras,
nobre sem cetro ou coroa.
Tua palavra é a verdadeira.
Tuas histórias, as que ouço.
Dize-me: o que não contas?
O que sabes que guardas
para ti?
São teus os meus olhos
e teus os meus cabelos.
És o dono e não vês.

Praça XV, 15/01/2002 – 18h25

THE EMPRESS

You're not king, but you rule.
Yours are all the plains
and rivers,
the mountains and the cloudy
peaks, the valleys
cut by roads,
which you cross, unharmed.
Yours are all the treasures
you carry,
all letters, papers and books.
You, the messenger of so many lands,
a royal without crown and scepter.
Your word is the most trustworthy.
Your stories, the ones I listen.
Tell me: what is it that you hide?
What do you keep
to yourself?
I only have eyes for you.
You're my master,
but you don't see.

Praça XV, January 15, 2002 – 6:25 p.m.

A CARTA DE SUMATRA

Não me abandones à míngua de tua ausência,
sem tuas mãos como cais
em uma terrível tempestade.
Não me faças sentir medo de perder-te,
porque só em ti encontrei abrigo.

Tens em mim a nau mais segura
para as viagens que ainda não realizaste.
O vento, esse inconstante, não secará minhas lágrimas.
Não partas sem me levar contigo.
O horizonte não comportaria tanta dor.
E o tempo, que passa sem nada perguntar,
só responde que jamais haverá tamanho amor.

Rio, 20/07/2001 – 10h00

LETTER FROM SUMATRA

Don't let me die in your absence,
holding to your hands as to a quay
after a dreadful tempest.
Don't let me fear losing you,
as I can only feel at home with you.

In me you find the safest ship
for your new trips.
The wind, so inconstant, won't dry my tears.
Don't leave me behind.
The horizon won't bear so much pain,
and time that goes by without asking,
says there'll never be a bigger love.

Rio, July 20, 2001 – 10 a.m.

A MULHER DE ORMUZ

Meu amor é pouco para teus vãos.
Debruçada sobre teu oráculo, choro
a saciar teus presságios,
música da concha de tuas mãos,
te agarro os dedos,
me tocas,
vertemos juntos nossos densos oceanos,
todas as águas convergem, te possuo,
onde mais sei de teus mistérios
e nado tuas vertigens.

Jardim Botânico, 24/07/2001 – 20h30

THE WOMAN FROM ORMUZ

My love is little for your voids.
Leaning over an oracle, I weep,
sating your presentiments,
the music from the hollow of your hands,
I grasp your fingers,
you touch me,
together we pour our dense oceans,
all waters converge, I take you,
knowing your mysteries,
and swimming your vertigos.

Jardim Botânico, July 24, 2001 – 8:30 p.m.

A PRINCESA AZUL:
"TÃO LINDA QUANTO O CÉU"

Deixei o conforto de meu palácio,
o carinho de minha ama,
as vestes ricas e o colo de minha mãe.
Serei feliz aonde me levas?

Meus lábios não conhecerão teus beijos,
minhas mãos não tocarão tuas faces,
mas meus olhos jamais poderão te esquecer.
Serei feliz aonde me levas?

Serei uma rainha persa,
outros súditos me amarão,
terei ouro e turquesas.
Serei feliz aonde me levas?

Me contas tuas histórias,
tuas viagens e travessias.
Ouço tuas aventuras
e acredito em ti.

Toma, leva meus presentes,
a tiara de meus cabelos,
o pente dourado com que me penteio,
o anel de jade e prata.
Guarda contigo meu reflexo no espelho.
Olha a noite estrelada
e saiba que te visito em sonhos.

Sou tua princesa antes que me abandones.

Deixarei o navio com meus baús selados,
serei levada à casa de meu senhor,
poderei viver quase cem anos, mas,
serei feliz aonde me levas?

Escreverei cartas, tecerei mantos,
guardarei o perfume das horas passadas contigo,
ouvirei as conchas depositadas na praia
e te deixarei ir,
pois serei feliz aonde me levas.

Copacabana, 16/07/2001 – 2h52

THE BLUE PRINCESS:
"AS BEAUTIFUL AS THE SKY"

I left the coziness of my palace,
the care of my maids,
my rich garments and embracing mother:
Shall I be happy where you are taking me?

My lips will never know your kiss,
my hands will never touch your cheeks,
but I'll never forget the sight of you.
Shall I be happy where you are taking me?

I'll be a Persian queen,
I'll have new loving subjects,
I'll have gold and turquoise, but...
Shall I be happy where you are taking me?

I hear your stories,
your trips and cruises.
I hear your adventures
and take your word for it.

Here are my gifts for you,
my tiara,
my golden comb,
my jade and silver ring.
Keep my reflection in the mirror.
Look at the starry night,
and know I'll come to visit you in your dreams.

I'm your princess before you leave me.

I'll leave the ship with my trunks,
I'll be taken to my master's home,
I may live up to a hundred years, but...
Shall I be happy where you are taking me?

I'll write letters, I'll knit mantles,
I'll keep the perfume of the hours
I've spent with you,
I'll listen to the shells on the beach,
but I'll let you go, because
I'll be happy where you are taking me.

Copacabana, July 16, 2001 – 2:52 a.m.

A ESPOSA

Atravessaste rios e oceanos,
desertos infindáveis
em tua busca mais além.
Viste toda sorte de gente,
homens bizarros
e mulheres tatuadas.
Teus ombros suportaram
o calor e o frio,
as tempestades de areia,
a cruzar montes e planícies.
Viveste mais do que
qualquer outro homem já viveu
e eu, que nunca vi nada nem estive
onde estiveste,
sei de ti por tuas histórias,
sei de mim por amar-te
como és.

*Voando de Newark, NJ-Boulder, CO, 6/04/2002 – 15h30 / Rio,
28/06/2002 – 20h15*

THE WIFE

You've crossed so many rivers
and oceans, endless deserts,
searching beyond.
You've seen different kinds
of people, bizarre men
and tattooed women.
Your shoulders bore
the heat and the cold,
the sand tempests,
as you crossed the plains and the mountains.
You've lived more than any
other man has ever lived
and I, who have never seen nor been
where you have,
know you from the stories you tell,
and myself from loving you
as you are.

Flying from Newark, NJ to Boulder, CO, April 6, 2002 – 3:30 p.m. / Rio, June 28, 2002 – 8:15 p.m.

A FILHA

Das viagens que fizeste,
qual a mais bela?
Dos palácios e castelos suntuosos,
mulheres envoltas em véus,
homens com turbantes,
o imperador e todo seu reino,
qual, entre elas, foi a visão mais bela?
Navegaste tantos mares,
viste animais estranhos
e ilhas perdidas em névoas.
Dize-me, pai,
qual delas foi a mais bela?
O amanhecer na planície,
o anoitecer no deserto,
ou cruzar o mar sob as estrelas?
Que cidade visitaste
e nunca esqueceste?
Conta, pai, em que momento
começaste a sonhar
comigo?

Voando de Newark, NJ-Boulder, CO, 6/04/2002 – 15h48 / Rio, 28/06/2002 – 20h30

THE DAUGHTER

Among all your travels,
which is the most astounding?
Among all sumptuous castles and palaces,
women wrapped in veils,
men wearing turbans,
the Emperor and his big empire,
which was the most dazzling view?
You've sailed so many oceans,
seen so many weird animals,
so many islands lost in the mist.
Tell me, father,
which was the most wonderful?
The dawn over the plain,
the twilight on the desert
or crossing the sea under the stars?
Which city you visited
and never forgot?
O tell me, father, when did
you start dreaming
of me?

Flying from Newark, NJ to Boulder, CO, April 6, 2002, 3:48 p.m.
/ Rio, June 28, 2002, 8:30 p.m.

O LEGADO

Retorno à terra que deixei
por tanto tempo em viagem.
Sobrevivi a intempéries,
ao medo, à incerteza.
Tudo era novo
e nos levava adiante.
Avançávamos sobre a terra,
deixando os passos para trás.
Voltei ao lugar que me concebeu
e lhes devolvo o que me deram.
O mundo é imenso
e está pronto para ser descoberto.
Digo-lhes: vão aonde não pude ir.
Lá haverá ainda mais riquezas.
Sigam seu destino
e tracem com ele sua história.
O homem vence quando caminha.
Mesmo assim,
NÃO LHES CONTEI
SEQUER A METADE DO QUE VI.

*Voando de Newark, NJ-Boulder, CO, 6/04/2002 – 16h00 / Rio,
28/06/2002 – 20h45*

THE LEGACY

Back to the place I'd left
for a long time in my travels.
I've survived rough weathers,
fear and uncertainty.
All was new
and pushed us ahead.
We traveled by land
leaving our tracks behind us.
I came back to where I was born
and now I give what I've been given.
It is a huge world
and there's much to be found out.
I say: go where I haven't been.
There you will find even more wealth.
Follow your destiny
and make history after you.
Man strives as he walks on.
And yet
I HAVE NOT TOLD YOU
HALF OF ALL I'VE SEEN.

Flying from Newark, NJ to Boulder, CO, April 6, 2002 – 4:00 p.m. / Rio, June 28, 2002 – 8:45 p.m.

A Princesa Azul

The Blue Princess

O que ele deseja ser, ele é.
Mirabai
Índia, século XVI

What he wishes to be, he is.
Mirabai
India, 16th century

*É a minha eternidade
que me faz amá-lo tanto tempo,
pois eu não tenho fim.*
Mechtil de Magdeburg
Alemanha, século XIII

*It is my eternity
that makes me love you long,
for I have no end.*
Mechtild of Magdeburg
Germany, 13th century

Kokejin, princesa mongol que viveu no século XIII, tinha 17 anos quando foi entregue a Marco Polo para ser levada para se casar na Pérsia com Argun, sobrinho-neto de Kublai Khan, velho governante local, que havia se tornado viúvo e desejava se casar novamente com uma princesa da mesma família da falecida mulher. Por esse motivo, Marco Polo conseguiu permissão para retornar à Itália, depois de 17 anos servindo ao Khan. A viagem durou três anos por mar e ela e Marco Polo gostavam muito de conversar. Assim os poemas refletem essas conversas e o amor que ela nutria por ele, um amor que jamais poderia ser plenamente correspondido. Marco Polo chamava-a de a "Princesa Azul", por ser "tão linda quanto o céu". Quando finalmente chegaram à Pérsia, Argun havia falecido. Ela se casou com o filho, Gazan, porém, morreu menos de três anos depois, aos 22. Marco Polo nunca soube quando ela morreu. Através das histórias de pessoas que viveram no passado, aprendemos a olhar para nossas próprias vidas e descobrir o quanto podemos ser felizes. A Princesa Azul teve uma vida curta, mas feliz.

Kokejin, a Mongolian princess, actually lived in the 13th century and Marco Polo was assigned to take her from China to Ormuz, to marry Arghun, a grand-nephew of Kublai Khan's, an old ruler of Persia who was then a widower and wanted to marry a princess from the same family of this deceased wife, and because of her, Polo was allowed to return to Italy, after 17 years serving the Kahn. The trip took three years by sea, and she and Marco Polo enjoyed to talk a lot, so these poems reflect these conversations, and the love she felt for him, a love that could never be returned in full. Kokejin was 17 when she left China. He used to call her "Blue Princess", because she was "as beautiful as the sky". When they finally arrived in Persia, Arghun had already died. She married his son, Ghazan, instead, but died less than three years later, at the age of 22. Polo never knew when she died. Through the stories of people who lived in the past, we learn to look at our own, and find out how happy we can become. The Blue Princess had a short but happy life.

1
Erguem-se as planícies ao meu olhar e espanto. Correm os rios por seu leito sobre as pedras ao fundo aninhadas, a doce água murmurando seu contínuo canto, descendo encostas de antigos montes, a terra escavada a chorar, eternamente.

1

The plains open before my eyes and awe. The rivers run in their beds over the stones that lay at the bottom, the sweet water murmuring its continuous tune, flowing down the old hills, carving land with its eternal cry.

2

Sejam estas as sementes do caminho. Sejam estas as fontes de rios desconhecidos, serpenteando a terra, à procura de seu destino, vidas seguindo até o horizonte, mãos sempre ágeis, abrindo os dias, as noites e todas as esperas que contêm.

2

Let these be the seeds of the way. Let these be the springs of unknown rivers, coiling around the earth, looking for a destiny, lives seeking a horizon, always agile hands, opening the days, the nights and all the waiting within.

3

Paramos para o chá. Tudo que conhecemos está aqui. Tudo que quisemos, num piscar de olhos. Leva este dia contigo. Lembra-te que aqui estivemos e das planícies à nossa volta. Lembra-te que vivemos assim, um dia. E esta, a única vida que queríamos.

3

We stop for tea. Here is everything we know. All we've wanted, in the blink of an eye. Take this day with you. Remember the place we've been and the plains around us. Remember we've once lived like this. And this, the only life we've ever wanted to live.

4

O tempo corre para trás. Para trás, seguem todas as rotas, até chegar ao seu início. A viagem continua além, ramos entrelaçados das histórias que contamos, mitos que perdemos, enquanto vínhamos pelas estradas, pelos rios, pelos mares. Todos os caminhos que conhecemos e por onde já nos perdemos.

4

Time runs backwards. Back, go all the routes, until the beginning. The trip rides on, entwined branches of told stories, lost myths, while we go down the road, the rivers and the seas. All the known ways and where we've once got lost.

5
Guia-me nesta viagem. Seja meu totem, mestre, amado. Seja quem for que me guie pelos mares, até avistarmos terra. Seja quem me leva sem nada perguntar. Seja quem me ama, além de mim mesma, para me guardar como um tesouro, contigo.

5

Guide me along the trip. Be my totem, my master, my loved one. Be the one who guides me across the seas until we find land. Be the one who takes me forward – no questions asked. Be the one who loves me beyond myself, keeping me as a treasure, with you.

6

Quando falo de amor, é a ti quem falo. Os céus se movem sobre ti e a ti é dada a vida. Quando falo de amigos, é a mim que falo, pois se alimentam de tudo que lhes dou. Quando espero pelo tempo, falo de nós, ao carregarmos a luz que deixamos pelo caminho e as folhas que se desgarram das árvores, pois o tempo descansa sobre as pedras e os leitos dos rios, lá, também à espera.

6

When I speak of love, I speak to you. All skies move unto you and upon you life is given. When I speak of friends, I speak to myself, as they're nourished by what I bestow them. When I wait for time to come, I speak of us, because we bear the light poured on the road, and the leaves shed on the way, as time rests on stones and riverbeds, there, also waiting.

7

Aqui estou, árvore oca, deixada no escuro, olhos perfurando a noite, à procura de sombras a deslizar pelos montes, a derreter com a neve, a se afastar, no murmúrio das vozes, o silêncio, o tempo escorrendo por relógios de água, as paredes e sua umidade, vento e rajadas de areia, dedos que se tocam, minha vida em abismo em tuas mãos.

7

Here am I, a hollow tree, left in the dark, eyes piercing the night, lurking specters sliding down the hill, melting with the snow, drifting apart, in murmurs, a hush, time running in water clocks, walls and its dampness, the wind and gusts of sand, touching fingers, my overwhelmed life in your hands.

8
Como pássaro que se perde, não sei aonde vou. Sigo as ondas que batem contra o casco, infinitas noites de bruma, sol em estio, a lua no horizonte, meu mar de sargaços extenso, voz na névoa, o marulho, a lentidão dos ventos que não sopram.

8

Like a lost bird, I don't know where I'm going. I follow the waves that hit the hulls, through endless hazy nights, a hard sun, a rising moon, my long seaweed ocean, a voice in the mist, the roaring sea, the slowness of still winds.

9

Enche o ar com tuas canções. Traz de volta os pássaros. Viaja comigo onde tenho de ir, e conduz meu caminho. Leva-me em teus braços, junto a ti, para que eu não caia. Diga-me o que os dias nos trarão, que calor nos aquecerá. Enquanto durar a viagem, ficarei perto, para não me perder de ti.

9

Fill the air with your tunes. Bring the birds back home. Take me where I have to go, and lead my way. Take me in your arms, hold me close, so I won't fall. Tell me what the days will bring, what warmth will enwrap us. As long as the trip lasts, I'll be close, not to get lost from you.

10

Eu me apresso. Levanto-me e passo adiante, o olhar mais longínquo, tua terra e mão, ósculo e palavra. Sei mais do que posso. Nunca, teu olho translúcido, folha empalidecida, carne da pedra, esculpida. Por tua voz, sonhamos.

10

I haste. I get up and move ahead, my eyes into the distance, your land and hands, your embrace and words. I know more than I should know. Never your translucent eye, pale sheet, stoned and etched flesh. By your voice, we dream.

11

Seguem o rio e suas folhas. Segue o mar a nau erma, oco de casco, rumos de rotas desconhecidas, vigiam à noite o horizonte, velas infladas de teu corpo etéreo paira acima das nuvens, fora da tempestade. Teu olhar, o infinito.

11

Down go the river and its leaves. Down the sea goes the solitary ship, the empty hull, unknown bearings, night watchers piercing the horizon, full sails of your ethereal body soaring above the clouds, out of the tempest. Your eyes are the infinite.

12

Nada me obrigou ao silêncio. A espera, entre chegadas e partidas, onde quer que eu fosse, outro porto em terras estranhas. Meu olhar te buscava e sorríamos, num entendimento mútuo, sem palavras, porque éramos amigos.

12

Nothing silenced me. All waiting, between comings and goings, wherever I was, in another port in strange lands. My eye met your eye and we smiled, in a mutual, wordless understanding, because we were friends.

13
Todas as horas se parecem. A luz difusa sobre as velas, oscilando num mar de esperas, algas frágeis que deixamos para trás. Assim, parto sem demora, para continuar o percurso, sem nada que nos diga quando chegaremos, guardados por estrelas longinquamente acesas.

13

All hours are the same. The sails under the dim light, rocking in a waiting sea, fragile seaweeds we've left behind. Thus, I depart at once, to follow the path, not knowing when we'll arrive, shielded by far-lit stars.

14

Uma viagem sem volta. Sigo uma única vez. Deixo o que vejo para sempre. Deixo-me ir como águas que nunca retornam, dias que passam em branco, folhas que morrem sobre a terra e nunca vêem o fruto. Assim viajo contigo.

14

A trip of no return. I follow it one way. I leave behind everything I see. I follow the waters that never come back, blank days, like leaves dying on the earth not knowing their fruit. Thus I travel with you.

15

Espera. Nada sei do meu destino. Nada posso ser para ti. Viveremos por onde passarmos. Onde formos, estarei ao teu lado. Não me abandones, que te sigo. Tudo que vivo ao teu lado continuará a ser meu para sempre.

15

Wait. I don't know my own destiny. I'm meaningless to you. We'll live, no matter where we go. Wherever we are, I'll be near you. Don't leave me as I'll follow you. Whatever I learn with you, will be mine forever.

16

Eis o primeiro passo. Este, para fora de mim, despir-me de tudo que tive e nada mais ter, deixar-me esvaziar aos poucos, como se pertencesse a outro tempo. Eis meu futuro, tão próximo, apenas para descobrir o que sempre quis saber.

16

Here's the first step. I step out, shedding everything I've had, having nothing left, letting myself be emptied little by little, as if I belonged to another time. Here's my future, so close, only to find out what I've always wanted to know.

17

Mostra-me o caminho. Acolhe-me em teus braços, onde posso sentir-me a salvo. Dá-me a felicidade que quero, enquanto durar, enquanto existirem dias e noites como estas, flores que imaginamos, luas que nunca se põem. Vem e me ensina andar este caminho.

17

Show me the way. Hold me in your arms, and make me feel safe. Give me the happiness I'm looking for, as long as it lasts, as long as we live days and nights like these, as imagined flowers, like moons that never set. Come and teach me how to walk this way.

18

Sigo entre ilhas nebulosas, mares cheios de peixes, sob as tormentas e o sol a pino, sigo, para que minha vida se abra, eu conheça outras tardes, paisagens se mostrem por inteiro. Sigo meu desejo e meu coração, a vida nova e inesperada a se descortinar, além.

18

I travel along misty islands, dive seas full of fish, under tempests and a blazing sun. I travel on, so my life can bloom, living another afternoons, seeing landscapes open in full. I follow my heart and my soul, as a new and unexpected life unveils beyond me.

19

Estarás comigo mesmo depois de partir. Guardarei teus olhos, a voz de tua boca e teus sussurros. Coloca-me junto à tua alma e deixa-me guardar teus tesouros. Estou aqui agora e aqui estarei para sempre. A ti devo minha vida.

19

You'll be with me even when you're gone. I'll remember your eyes, your voice and your whispers. Place me close to your soul, and trust me your treasures. I'm here now and I'll be here forever. I owe you my life.

20
Te darei meus dias ao final da viagem. Começamos sós e aprendemos juntos. Bebemos do mesmo vinho, vivemos o mesmo tempo e provamos do mesmo fruto. Nossos caminhos agora se separam. Despeço-me de ti, devolvendo-te o que me deste.

20

I'll give you my days after the trip is over. We've started by ourselves and we've learned together. We've drunk from the same wine, lived the same moments and bitten from the same fruit. Now we are parting. I bid you farewell giving you back what you've given me.

21

Tudo que fiz, está feito. Tudo que aprendi, ensinou-me a ser maior. Minhas raízes são mais profundas, meu ânimo, mais forte, minha visão agora é mais ampla. Deixei de ser criança e tornei-me adulta. Sigo as brisas que carregam todo o sal dos mares em seu vento.

21

What I've done, is done. What I've learned, carved in me a deeper soul. Now I have longer roots, a larger breath, a wider view. I am a child who grew to her own height. I follow the breezes that carry all the salt of the seas in them.

22

Eis-me aqui, a princesa que te ama, a filha que ainda não tens. Eis-me a escolhida, a pretendida, a eleita, a que trouxeste contigo, a mais bela, a única que não temeu a viagem, o adeus, a despedida. Eis-me, eterna, em teu pensamento.

Rio, 27/04/2003 – 12/05/2003

22

Here am I, the princess who loves you, your daughter-to-be. Here am I, the preferred, the promised, the chosen one, who came with you, the most beautiful, the only one fearless before the trip, the departure, the farewell. Here am I, forever, in your mind.

Rio, April 27, 2003 – May 12, 2003

Acabou-se de imprimir
na cidade do Rio de Janeiro,
aos 10 de julho de 2008,
especialmente para Ibis Libris,
em edição bilíngüe, em português e inglês.
O tipo utilizado foi AGaramond Pro.
O papel do miolo é Pólen Soft 80g
e, o da capa, Cartão Supremo 250g.

Printed in Rio de Janeiro,
on July 10, 2008,
specially for Ibis Libris,
in a bilingual English-Portuguese edition.
The typeface is AGaramond Pro,
on Pollen Soft 80g,
bound in Supreme 250g carton.